KOSTAS KARYOTAKIS

LIBER : LIBERTAS

Kostas Karyotakis

DAS LOB DES MEERES

Aus dem Griechischen
und mit einem Nachwort
von Maro Mariolea

Residenz Verlag

© 1996 Residenz Verlag, Salzburg und Wien
Alle Rechte, insbesondere das des auszugsweisen Abdrucks
und das der photomechanischen Wiedergabe, vorbehalten
Satz: Typoservice Freilinger, Salzburg
Printed in Austria by Welsermühl, Wels
ISBN 3-7017-1024-4

Der Schädel

Die Menschen meinen, alles zu wissen. So möchte niemand annehmen, daß ein Schädel in seiner Knochenurne mehr sein könnte, als man üblicherweise glaubt. Deshalb zitterte die Hand des seltsamen Dichters ein bißchen, als sie eines Tages kam, um den Schlaf der Jahrtausende zu stören, den ich in meinem schwarzen Kistlein schlief, außerhalb der Friedhofskapelle.

Die zwei kleinen Höhlen an meiner Stirnbasis – im Leben war ihr Name so süß wie das Licht – waren gefüllt mit der Nacht des Unbewußten. Eine Spinne bewegte sich an meiner Schläfe und wurde mein Traum. Beim plötzlichen Erwachen spürte ich, wie man mich aufhob. Bestimmt ist die Stunde des Karners gekommen, dachte ich.

Mit Recht sind es die Meinen müde, so lange Jahre die kleine Miete zu bezahlen, die meinen Platz auf dem Kirchhof sichergestellt hat. Das war's jedoch nicht. Man wickelte mich in eine Zeitung, und nach kurzer Zeit befand ich mich auf dem Schreibtisch meines Dichters auf einem Buch mit – Zufall – munteren Liebesliedern.

Zunächst ließ man mich in Ruhe alles anschauen, was sich in dem engen Umfeld meines Blickes fand, den ich natürlich nicht richten konnte, wohin ich wollte. Mir gegenüber schimmerte weiß das Bett. Bei seinem Anblick wurden meine Erinnerungen immer lebhafter. Jetzt kam mir deutlich ein anderes Bett in den Sinn. Es war nicht das Bett meiner letzten Krankheit. Denn an das erholsame Bett des Todes erinnert sich ein Schädel wie ich nur mit Sehnsucht nach dem Leben. Ich aber wollte mich nicht nach dem Leben sehnen. Doch ich erinnerte mich deutlich an ein Bett. Dann ging mir unscharf etwas anderes durch den Kopf. Ich konnte nicht erkennen was. Es ist so lange her...

Ich schaute den Kalender an der Wand an, wie viele Jahre mein Schlaf gedauert haben mochte, als ich an einem Geräusch erkannte, daß jemand ins Zimmer getreten war. Es war ein Freund meines Entführers. Er kam und stellte sich vor mich hin. Der Dichter zeigte auf mich und sagte: »Darf ich dir Herrn... vorstellen?« und nannte meinen Namen, den er auf der Knochenurne gelesen hatte. Der andere verneigte sich, ungeschlacht, zog seinen Hut und setzte ihn mir auf. Er zündete sogar eine Zigarette an und verkeilte sie zwischen meinen Zähnen. Dann fingen beide an zu lachen. Ich aber schaute sie ernst an, so wie die, die das Leben hinter sich haben, auf die, die es vor sich haben, schauen sollten. Ein solches Benehmen kränkte mich überhaupt nicht, ich dachte nur, wie naiv die Menschen doch sind, wenn sie meinen, alles zu wissen, und niemals akzeptieren wollen, daß ein Schädel mehr sein könnte, als man üblicherweise glaubt.

Zwei ganze Stunden habe ich ihnen zuhören müssen. Ihr Gerede hätte ein bitteres Lächeln auf meinen Lippen verursachen können. Sie sprachen über ihre Frauen, ihre Bücher, als wäre nicht der Schädel eines Menschen wie sie jene Kugel des Entsetzens, die sie so nah bei sich wußten.

Sie gingen.

Spät, nach Mitternacht, kam der Dichter allein zurück. Ich weiß nicht, warum ich spürte, daß mich so etwas wie ein Überlegenheitsgefühl überkam. Während er die Lampe anmachte, war er nicht so ruhig wie vorhin, als er auf dem Friedhof meine schwarze Kiste aufgebrochen hatte. Das Licht, das schräg auf mich fiel, verlieh mir ein seltsam lebendiges Aussehen. Das merkte ich an dem Ausdruck meines Freundes. Er nahm mich in seine Hände. Öffnete das Fenster. Er hätte mich auf die Straße geworfen, hätte ich meinen Blick nicht schwärzer und tiefer zwischen seine Augen gerichtet. Er stellte mich auf die Fensterbank und machte die Läden zu. Die ganze Nacht hörte ich, wie er sich im Bett herumdrehte. Sollte er geschlafen haben, dann hat er einen sehr unruhigen Schlaf gehabt.

Am Morgen fand ich mich in meiner Knochenurne. Zweifelsohne hat mich der gleiche Mensch mit dem seltsamen Geschmack an meinen Platz zurückgebracht. Jetzt stütze ich nachdenklich mein Kinn auf den Handknochen und denke über mein Abenteuer nach. Ich bilde mir ein, daß ich noch immer das Buch mit den munteren Liebesliedern und den Kalender mit dem auf tragische Weise fortgeschrittenen Datum sehen kann. Noch mehr aber denke ich an das Bett. Das Bett bringt mir wieder eine kleine Geschichte in den Sinn, von der ich geglaubt habe, ich hätte es geschafft, sie völlig zu vergessen.

Die Letzte

(Ist sie hier? Ist sie da? Wird sie kommen? Wo ist sie? Die Letzte?)

Ah! Der Wald in der Ferne. Ein Tischchen unter der abgelegenen Pinie. Und die Nacht, die langsam fiel, damit wir sie nicht spüren. Das Rauschen des Abendwinds in den Zweigen. Die Worte, die fehlten. Die Hände bleich. Die Augen und die Sterne. Mitternacht. Nichts von alledem war gesagt worden.

(Lügen? Lügen? Eitles Spiel? Neugierde? Selbstsucht?)

Ein andermal das Meer. Die Schiffe, die sich am Horizont entfernten und unsere Träume mitnahmen. Das Meergeflüster mit seinen Versprechungen. Dort oben am Fels die zahlreichen und unerklärlichen Tränen. Die Einsamkeit im Unendlichen. Die Küsse. Die Seele...

(Nichts? Nichts? Kindereien? Romantik? Selbstbetrug?)

Andere Male wieder die Frühe, unerwartet und verräterisch. Durch kleine Gassen der ermüdende Rückweg. Die ersten Geräusche des Tages. Die süße Reue im Gesicht, das immer heller wurde. Das Lebewohl...

(Ist sie weg? Kommt nie mehr? Die Letzte?)

Der Garten der Undankbarkeit

Ich werde die schönste Blume züchten. In die Herzen der Menschen werde ich die Undankbarkeit pflanzen. Die Zeiten sind günstig, der Ort geeignet. Der Wind knickt die Bäume. In der krankhaften Atmosphäre richten sich die Schlangen auf. Die Gehirne Fälscherwerkstätten. Die Werke Mißgeburten, eingeschlossen in Glasbehälter. Versuche, in einem Wald von Masken zu leben. Ich werde die Undankbarkeit züchten.

Wenn der letzte Frühling kommt, wird mein Garten voll von herrlichen Exemplaren dieser Sorte sein. In Mondscheinnächten werde ich allein die gewundenen Straßen entlangwandern und diese Blumen zählen. Mit geschlossenen Augen werde ich mich ihrem samtenen, dunklen Kelch nähern, ihre spitzen Staubgefäße an meinem Gesicht fühlen und ihren Duft einatmen.

Die Stunden werden vergehen, die Sterne werden sich drehen, und die Brise wird wehen, ich aber, mich immer weiter vorbeugend, werde mich erinnern. Ich werde mich an die geballten Fäuste, das trügerische Lächeln und die verräterische Gleichgültigkeit erinnern.

Ich werde tage- und jahrelang bewegungslos verharren, ohne zu denken, ohne zu schauen, ohne irgend etwas anderes auszudrücken. Ich werde zur Gänze eine bittere Erinnerung, eine Statue sein, und um die herum werden tropische Pflanzen aufwachsen, werden sich verdichten, ineinander verwirren, Erde und Luft erobern. Nach und nach werden ihre Zweige meinen Hals umschlingen, sich in meinen Haaren verstricken, mich mit menschlicher Fürsorge umgarnen.

Unter ihrem beständigen Druck werde ich in die Erde versinken.

Und mein Garten wird der Garten der Liebe sein.

Tagträumer

I

Er wußte nicht, ob sie eine Mikrobe ist, ein unsichtbarer Übeltäter oder ganz etwas anderes. Er glaubte jedoch, daß die Zeit im Raum existiert. Er hatte Beweise genug.

Einmal, bei einer seiner fernen Reisen, legte das Schiff in einer Provinzstadt an, in der er als Kind gelebt hatte. Er ging an Land, weil er sich an diese Kindheit erinnern wollte. Es war Sonntag. Auf dem Platz spielte die Kapelle irgendeine italienische Oper. Die Menschen spazierten herum oder saßen im Café. Die Kinder, jene, die nicht herumrannten, verfolgten die Bewegungen des Dirigenten. Eine Glückseligkeit schwebte über allem.

Er sah sein Elternhaus. Den Garten. Die Dachterrasse, auf die er stieg, um die Drachen fliegen zu lassen oder um den Steinkrieg zu erklären, indem er hastig kleine Papierwimpel festmachte.

Nichts hatte sich verändert. Die Stühle der Konditorei in drei Reihen, wie damals. Sogar das Pflaster, das er betrat, war dasselbe. Alles war gleich. Nur kleiner. Zum Verzweifeln kleiner. Ein Drittel des Volumens war eingebüßt. Das war jedoch symmetrisch geschehen, und so hatten die Menschen, die unbewegt und still, wie abwesend, um die Marmortische herum saßen, gar nichts gemerkt und auch nicht weiter unten die Mädchen mit den leuchtenden Linien ihres Umrisses parallel zur Fontäne des Springbrunnens und die beiden Alten auf einem Balkon, mit den trüben, undeutlichen Linien ihrer Gesichtszüge, und die Musiker, ja selbst der Dirigent, der die Zeit mit seinem Stab zu beherrschen glaubte. Die Zeit aber arbeitete frei unter ihnen und verzehrte jeden Moment ein Stück von ihrer armen Existenz.

Er blieb eine Weile dort, zerstreut, als würde er auf seine kleinen Freunde warten. Damit er zu sich kam, war ein schriller Pfiff nötig. Das Schiff legte ab.

II

Dann fiel ihm ein Kostümball ein. Vorgeschrieben war das Gewand einer bestimmten Epoche. Damen, in seidenen rosa oder himmelfarbenen Krinolinen, mit gepudertem Haar, mit grünen und goldenen Perücken, halb nackt, fielen voller Vertrauen in die Arme von Makler-Herzögen und Tabakhändler-Grafen. Sie preßten sich so aneinander, daß ihre Stirn manchmal die Lippen ihrer Kavaliere berührte und die Krinolinenreifen hochgehoben wurden.

Alle gingen zur Seite, bildeten einen Kreis in der Mitte des Saals, und vier Paare, die luftigsten, begannen Menuett zu tanzen. Die Illusion war perfekt. In dem Musikstück kamen zweifellos zwei oder drei Zaubernoten vor, die in jeder Phrase wiederholt wurden, und jene Noten erweckten die Aura einer vergangenen Epoche, unverrückbar, gläsern. Die kleinen, schnellen Schritte, die eleganten Verbeugungen, die sehnsuchtsvollen Blicke, das Lächeln, voll zurückgehaltener Erotik, seltsame Stiche, die in einer Museumsvitrine unversehrt erhalten waren.

Dann passierte das Unerwartete. Die Tänzer kamen beim Zählen durcheinander. Sie hätten doch genau berechnen müssen, wie viele Jahre sie in die Vergangenheit zurückgewichen waren, um wiederzukehren und ihre Individualität zu finden, aber man merkte, daß sie sich vertan hatten. Für immer vertan. Ganze hundert Jahre waren sie zu weit gegangen, ahnungslos selbstverständlich. Er verfolgte jetzt ihre Bewegungen. Die vier weiblichen Skelette, tödlich elegant, bewegten sich auf die männlichen zu und entfernten sich dann mit melancholischer Anmut, als hätten sie ihren Fehler erkannt. Die Kavaliere blieben stehen, und ihre Schädel beugten sich schwer zu Boden, während hoch oben, in elektrischen Leuchtbuchstaben, die an- und ausgingen, geschrieben stand: Karneval 2027.

III

Ein andermal passierte etwas Komisches. Während er einen Satz hörte oder ein unbedeutendes Geschehen verfolgte, hatte er den Eindruck, daß es sich früher schon so ereignet hatte oder gesagt worden war, an welchem Ort und wann genau auch immer, und daß jetzt die exakte Wiederholung stattfindet. Das schien ihm äußerst seltsam. Möglicherweise war es beim ersten Mal ein Traum gewesen. Es war aber völlig klar, daß jemand, jetzt oder damals, ihm einen Streich spielte.

Für gewöhnlich passierte das beim Sprechen über die gewöhnlichsten Themen. Zum Beispiel fragte er nach einer Straße, die er nicht kannte. Der Mann, den er gefragt hatte, schaute ihn für einen Augenblick, ohne zu antworten, an, nahm dann den Hut ab und trocknete sich die Stirn. Er fragte ihn wieder, aber gleichzeitig durchfuhr ihn wie ein Blitz der Gedanke, daß diese kleine Geschichte schon einmal passiert war. Die Auskunft, um die er bat, das Schweigen des anderen, sein abermaliges Fragen, alles, alles identisch. Dann, seinen

Gedanken weiterspinnend, sagte er zu sich selbst: Du wirst sehen, gleich werde ich hören: »Ich weiß nicht, aber ich glaube nach den Straßenbahnschienen, denen Sie gleich begegnen werden.« – »Ich weiß nicht, aber ich glaube nach den Straßenbahnschienen, denen Sie gleich begegnen werden«, antwortete der Unbekannte wie ein Widerhall seines Gedankens und ging hastig fort, gebeugt, ein Lachen erstickend.

IV

Er hatte studiert. Er hatte ein Haus, das ihm gehörte, veräußert, und chemische Apparate gekauft. Den ganzen Tag im Keller eingesperrt, machte er eine Reihe von Experimenten, angefangen bei den einfachsten bis hin zum Wagnis des Unmöglichen. Er analysierte die Substanzen, überprüfte die Formeln, die die Wissenschaft anerkennt. Er versuchte, in ihren Grundlagen einen Fehler zu entdecken und aus diesem Fehler das neue Element herauszupräparieren. Im Wasserstoff oder im Sauerstoff könnte doch – in kleinem Maßstab natürlich – die Zeit existieren. Er ließ sich nicht entmutigen. Voller Freude wiederholte er das gelungene Experiment.

Er beobachtete das Leben durch die Zeitung. Er lächelte verschmitzt bei dem Gedanken, daß niemand ihn selber beobachtete. Alle, vertieft in ihr belangloses Tun, überlegten nur, wie sie es sich am besten richten könnten. Sobald er aber einmal seine Erfindung vervollkommnet und die Zeit in ein Reagenzglas seines Labors eingefangen haben würde, na, dann wollen wir sie mal sehen, diese großspurigen Herrschaften, die die Welt mit ihren Seifenblasen angefüllt haben. Wir wollen doch mal sehen, was aus dem Zins und Zinseszins des Wucherers von gegenüber werden wird. Mal sehen, mit was für einem Datum sie ihre Zeitungen herausbringen werden.

V

Jetzt ist diese Geschichte zu Ende. In der Isolierzelle des Heims, in dem er sich befindet, sind ihm Tag und Nacht gleichermaßen egal. Sollte durch die Luke ein wenig Licht hereinscheinen, schaut er es einen Augenblick lang an und wendet sich dann von ganzem Herzen ab. Er sieht dieses kleine leuchtende Quadrat, ein Musterbuch, das die Farben wechselt, als würde die unsichtbare Hand Gottes es durchblättern. Rosa, blau, grün, lila...: Er aber zieht das samtene Schwarz vor, das sich im Zimmer ausdehnt, wenn es Nacht wird.

So vergehen die Stunden, so vergehen die Tage eines jeden glücklichen Tagträumers. Er bleibt ganz allein, bewegungslos in den vier Wänden, wie eine alte Lithographie in ihrem Rahmen. Er hat das Gefühl, den großen Zweck seines Lebens erfüllt zu haben. Nichts von allem, was ihn umgibt, ändert sich. Und die Zeit existiert nicht.

Drei große Freuden

> Schöne Welt, gesittet, engelsgleich.
> D. Solomos

I
Ein guter Beamter

Er ist ein gutmütiges altes Männlein. Nach dreißig Dienstjahren hatte er noch sämtliche Dienstgrade zu erklimmen. Protokollschreiber.

Immer machte er gewissenhaft seine Arbeit, geradezu schwungvoll. Von morgens bis abends über sein jungfräuliches Buch gebückt, trug er die Zahlen ein und kopierte die Additionen. Manchmal, nach der Eintragung eines Eingangs oder Ausgangs, zog er eine Linie, die über die letzte Spalte hinauslief und sich zum unteren Rand hinbewegte, als sei es ein Ausbruchsversuch. Dieser Schnörkel gehörte dort nicht hin, er aber zog ihn hastig, verbissen, um sich Ausdruck zu verschaffen. Würde sich jemand über das einfache, gerade Strichlein beugen, hätte er die Geschichte des guten Beamten ablesen können.

Noch jung, als er den Dienst antrat, grüßte er seine Kollegen mit beflissenem Lächeln. Zufällig setzte er sich auf diesen Stuhl. Und dort blieb er. Andere kamen später hinzu, gingen, starben. Er blieb. Seine Vorgesetzten hielten ihn für unverzichtbar. Er hatte eine schreckliche, fatale Spezialisierung entwickelt.

Ein nur geringfügig praktischer Mensch. Ehrlich, idealistisch. Trotz seines ärmlichen Äußeren hatte er den Anspruch eines Edelmannes. Eines Morgens, nur weil sein Direktor etwas freundlicher mit ihm gesprochen hatte, wurde er kühn, duzte ihn bei der Antwort, er lachte sogar offenherzig und klopfte ihm auf die Schulter. Der Herr Direktor aber, eisigen Blicks, nagelte ihn zurück an seinen Platz. Und dort blieb er.

Jetzt, jeden Abend, wenn er das Büro verläßt, schlägt er die Küstenstraße ein, hastig, hastig, wie besessen seinen Stock mit dem schönen Nickelgriff drehend. Er zeichnet Kreise ins Universum. Und in den Kreisen die Zeichen des Unendlichen. Sobald er die letzten Häuser hinter sich gelassen hat, wird er jedesmal seinen Stock nach oben schnellen lassen, als sei es ein Erlösungsversuch.

Nach dem Spaziergang schleicht er in eine Kneipe hinein. Er sitzt allein, die großen, frischgestrichenen Weinfässer gegenüber. Auf allen steht über dem Zapfhahn mit fetten, schwarzen Lettern der Name geschrieben: Peneios, Ganges, Mississippi, Tartaros. Er schaut verzückt vor sich hin. Das vierte Gläschen wird zum Flußdampfer, mit dem er in wunderbare, unbekannte Welten verreist. Von den dichten Bäumen herab grüßen ihn Affen. Er ist glücklich.

II
Ein praktischer Tod

Ich weiß nicht, was sie auf dem Kopf trug. Ihre Kleider hatten weder Form noch Farbe. Sie betrat das Büro mit zwei Kindern auf den Armen und vieren im Schlepptau. Jedes weinte oder schrie auf besondere Weise. Eines zog an ihrem Kleid, ein anderes an ihren Haaren. Ein etwa dreijähriger Bub bebte mit seltsamen Schluchzern, ohne zu weinen. Alle zusammen – Symphonie des Grauens – schauten die Mutter an wie die Musiker den

Maestro. Sie jedoch hatte ihre Partitur in einem eleganten Sekretär aus Mahagoni vergessen.

Sie blieb mit weit aufgerissenen Augen vor uns stehen. Etwas wie ein falsches Lachen, eine Grimasse des Selbstmitleids, erklärte ihre Worte. Sie war Armenierin. Ihr Mann war in einem Dorf gestorben, und von dort kam sie, um Brot bettelnd für ihre Kinder. Nun bat sie um eine Bleibe. Jemand, der ihre Sprache konnte, sagte ihr, daß es nirgends Platz gebe. Und da sie sich weigerte zu verstehen, wies man sie auf den Gang hinaus. Dort blieb sie mit ihren Kindern bis zum Mittag ausgestreckt liegen. Am nächsten Tag die gleiche Geschichte. Sie kam noch mehrere Male.

Zum Schluß warf man sie in ein Lagerhaus. Dreißig Flüchtlingsfamilien, die darin wohnten, hatten ihre Haushalte provisorisch mit imaginären Wänden abgetrennt. Bündel, Truhen, ausgebreitete Decken, aufgereihte Holzscheite bildeten Quadrate, die Schlachtquadrate der letzten Verteidigung. In diesen Nestern verharrten oder bewegten sich düster menschliche Schatten. Zu dritt, zu fünft, verstreut zwischen schmutzigen Kleidungsstücken und Möbelruinen, war es, als würden sie sich Märchen zuflüstern oder versuchen, behutsam die Finsternis abzuwehren.

Jetzt wird das Lagerhaus von einer Kerze beleuchtet. Ein Bündel, gewickelt in ein sauberes, weißes Tuch, ist vorsichtig, senkrecht zur Wand, auf dem Boden aufgestellt worden. Es ist das jüngste der sechs Kinder der Armenierin, das einige Stunden nach ihrem Einzug gestorben ist. Seine Geschwister spielen draußen in der Sonne. Die Mutter, erleichtert, steht ihrem Kleinen zum letzten Mal bei. Die anderen Frauen beneiden sie, weil sie ab morgen arbeiten kann. Sie ist beinahe glücklich. Selbst der Tote wartet noch, und mit soviel Würde…

III
Fräulein Bovary

In der Mitte des Trubels ging sie langsam. Da alle um sie herum es eilig hatten, war sie wie ein schwarzer Fleck auf einer Kinoleinwand. Gruppen junger Leute zogen vorüber. Einige schauten sie an und gingen dann weiter, andere pfiffen ihr ein Kompliment zu, manche sagten ihr zögernd einen Satz und warteten auf Antwort. Wo das Gedränge größer wurde, wurde der Mut freier, und die Worte genügten nicht mehr. Jemand blieb lachend vor ihr stehen, von Angesicht zu Angesicht, lange Zeit. Matrosen gingen dicht vorüber, und alle bemühten sich, sie anzustoßen. Einige Finsterlinge verfolgten sie Schritt für Schritt.

Sie fühlte, daß sie das Zentrum all dieser streunenden Erotisierung war. Ohne daß sie es merkte, geriet sie in den Sog der wilden Begehrlichkeit so vieler Männer. Vom Lärm, der Hitze und der Anstrengung weiterzukommen zusätzlich enerviert, blieb sie in einem Kreis von Menschen stehen. Bald kam einer näher. Sie sah ihn nicht, fühlte aber, wie er sich immer wieder an sie drückte. Er machte einen Ruck, blieb dann unbewegt, kam anschließend näher, genau wie der Minutenzeiger an den großen Straßenuhren sich mit gelegentlichen Sprüngen dem Stundenzeiger nähert. Jetzt war ihr Körper, von einem dünnen Kleid nur dürftig beschützt, ganz an dem seinen. Betäubt, vernichtet schloß sie die Augen und neigte sich leicht. In diesem Moment sprach er sie an, ihre Hand hastig ergreifend. Sie wandte sich um und sah ihn. Vagabund. Rotes, zerknittertes Gesicht, entzündete Augen, lohfarbener Bart. Seine Kleidung, ausgebleicht, war von diffus rötlicher Farbe. Sie senkte den Kopf und errötete. War das etwa die Liebe?

Sie setzte ihren Weg fort, ohne zu antworten. Er

schob sie durch die Menge. Als sie weit genug weg waren, blieb sie stehen und sagte ihm, er solle sie führen, wohin er wolle. Sie werde ihm in geringem Abstand folgen. Er schaute ungläubig, ging aber weiter. Sie kamen zu einsamen Straßen. Sie ließen die Stadt hinter sich. Jetzt gingen sie an einem Zaun entlang. Es war Vollmond. Der Duft der Gärten füllte ihre Brust. In der Stille hörte man die Grillen und die hastigen Schritte der beiden Menschen. Er wandte sich oft um und schaute sie an. Sein Gesicht war vom Mond beschienen und hatte einen befremdlichen Ausdruck. Und seine Silhouette mit den alten, zerrissenen Kleidern, wie er leicht hinkend so ging, hatte einen andersartigen, biblischen Zug. Sie kamen zu einem Wald.

»Hier«, sagte der Mann heiser.

Vor ihren Augen zogen im gleichen Moment Bilder kindlicher Erinnerung vorüber. Die Glanzbilder mit den blonden Engeln, die Rosengirlanden hielten und lächelten, eingesperrt in die Seiten eines Buches. Die Königinnen und Ritter aus den Märchen. Das lila Kleidchen der ersten Puppe. Der Tod ihres Bruders... Dann, als sie erwachsen war, die Jahre, in denen sie allein mit ihrer Mutter lebte. Ihre Zahl verlor sich in einem dunklen Zimmer. Und die Untermieter. Ihre Reihenfolge verlor sich...

Der andere war glücklich. Wie eine Sache überließ sie sich seinen Händen. Er zerriß sie wie ein Papier und warf sie zu Boden, mit unbändigem Zorn, mit dem urtümlichen Drang seiner durstigen Jugend. Ihren unfreiwilligen und matten Verweigerungen, den erloschenen Worten, die nicht sie selbst, sondern ihre Geschlechtszugehörigkeit mit instinktivem Zurückweichen des Körpers formulierte, setzte er Lästerungen und Beschimpfungen entgegen, die durch Vulgarität seine obszönen Bewegungen verbargen, milderten. Sein

Mund, hart, gefroren, mit stickigem Atem, eine wahre Wunde, stempelte blutig die Schultern, die Lippen, die unschuldige Stirn. Ihr schien, daß diese schreckliche Geschichte anderswo stattfand, und sie schloß die Augen.

Stunden vergingen. Die Morgenröte beugte sich über ihr Trugbild. Der fahle Körper der Frau leuchtete immer mehr wie ein Stern. Durch ihre Tränen hindurch schaute sie erstaunt um sich. Sie wollte sich anziehen. Er wollte sie nicht lassen. Jetzt sprach er zärtlich zu ihr. Dann fing er an zu singen. Er sagte so etwas wie einen Scherz zu ihr. Schließlich stand er auf, und ohne Grund sprang er dreimal, so hoch er konnte, und schrie Worte ohne Sinn. Nach kurzer Zeit umarmte er sie wieder. Es war Glück.

Flucht

I

Ich spüre die Realität durch körperlichen Schmerz. Keine Atmosphäre umgibt mich, sondern Mauern, die unablässig enger werden, Moore, in die ich immer mehr einsinke. Ich lebe in der Anarchie meiner Sinne.

Die unbedeutendste Angelegenheit gerät mir jetzt zu einem richtigen Abenteuer. Um einen gewöhnlichen Satz auszusprechen, muß ich ihn in seiner ganzen Ausdehnung erfassen, seine historische Position, seine Ursachen und Wirkungen. Algebragleichungen meine Schritte.

II

Ich bin »Phaidon«, in den Schlamm geworfen. Wunderbares Buch, dessen Ideen es nicht vor dem Wind und dem Regen, den Elementen und den Menschen retten werden.

III

In diesem vulgären Karneval habe ich echten Purpur getragen und eine Krone aus purem Gold, ich habe ein Szepter über die Menge gehoben und ging meiner inneren Stimme folgend. Ich nahm die Umgebung nicht mehr wahr, aber ich ging, wie ein Schlafwandler, meiner inneren Stimme folgend. Die Hampelmänner liefen vor mir her oder tanzten wie besessen um mich herum. Sie schrien, sie schlugen. Ich aber ging, die Wolken anschauend und meiner inneren Stimme folgend. Sehr schwer kam ich voran. Mit den Ellbogen bahnte ich mir meinen Weg, Lumpen hinter mir zurücklassend. Erschöpft, blutend, blieb ich irgendwo stehen. Der Hohn der anderen zersplitterte an der Sonne. Und ich war nackt. Als ich mich wie ein geknickter Baum tief verneigte, hörte ich zum letzten Mal meine innere Stimme.

IV

Und jetzt ist mir das gelassene Betrachten abhanden gekommen. Wo soll ich das Gewicht meines Selbst lassen? Ich kann mich mit den Gärten nicht versöhnen. Die Berge erniedrigen mich. Um meine Gedanken zu nähren, nehme ich die große Landstraße. Ich werde nicht zweimal dieselbe Sache sehen. Die Bauern, die erstaunt dastehen, haben die Unwissenheit und die Gesundheit. Ihre Häuser sind Märchenschlösser. Ihre Ziegen käuen keine Gedanken wieder. Ich stampfe mit dem Fuß auf und gehe. Ich wandere ganze Tage. Wo gehe ich hin? Ich weiß, daß ich, wenn ich den Kopf wende, dem Gespenst meiner selbst begegnen werde.

Das Lob des Meeres

I

Das Meer ist meine einzige Liebe. Weil es das Aussehen des Idealen hat. Und sein Name ist ein Ausrufezeichen.

Ich erinnere mich nicht an den ersten Anblick. Zweifellos stieg ich von einem Gipfel herunter, die Arme voller Blumen. Ein Kind noch, dachte ich an den Rhythmus seines Rauschens. Ausgestreckt auf dem Strand, reiste ich mit den vorbeifahrenden Schiffen. Eine Welt entstand um mich herum. Die Brise berührte mein Haar. Der Tag funkelte auf meinem Gesicht und auf den Kieselsteinen. Alles war mir willkommen, die Sonne, die weißen Wolken, das ferne Getöse.

Aber das Meer, weil es Bescheid wußte, hob schon seinen Gesang an, den Gesang, der zugleich gefangennimmt und tröstet.

Ich habe viele Häfen gesehen. Grüne Boote fuhren dicht gedrängt hin und her, wie lustige kleine Schüler. Müde Schiffe, mit seltsamen, exotischen Namen, hißten jeden Morgen ihren Schatten. Nachdenkliche Menschen, gereift vom Salzwasser, stiegen mit sicherem Schritt die steile Hängeleiter hinauf. Wildtauben wiegten sich auf den Rahen.

Dann kam die Nacht. Eine rote Linie am Horizont fand ihren schwachen Widerschein auf dem Kamm der großen, langsamen Wogen. Sie wurden bewegt wie von einer geheimen inneren Kraft, und während sie näher kamen, breiteten sie sich aus, um sich sanft und stumm zu brechen. Alles andere – der Himmel, die Berge gegenüber, die offene See – ein riesiger schwarzer Vorhang.

II

Man hat schon traurige Dinge erlebt. (Schwarze verschlossene Häuser, anämische, exilierte Straßenbäume. Die »Madame«, die enttäuscht ihre Jetons zählt. Die Schuhputzer auf dem Platz, müde vom Sitzen, stehen auf und spielen miteinander. Der neue Präfekt mit Monokel hat eine Ansprache an die Beamten gehalten. Die Leute nebenan, die aufgestanden sind, um den Zug zu erreichen. Getränke für Männer 10 Dr., Getränke für Frauen 32,50.) Vom Wind geht ein Fenster auf, und das Meer liegt vor uns. Alles wird vergessen. Es ist da, unbefleckt, unendlich, ewig. Mit seinem breiten Lachen überdeckt es unsere Häßlichkeit. Mit seiner Tiefe macht es sich über uns lustig. Die Seele des Händlers ist tot und wandert. Die Seele der Dame von Welt zieht ihre Rollschuhe an. Die Seele des Menschen badet in der Reinheit des Meeres. Unsere Sehnsucht findet einen Weg und unser Schmerz seinen Ausdruck.

Katharsis

Natürlich. Ich hätte mich zu dem einen hinneigen sollen, und ich hätte, genüßlich den schwarzen Cheviotstoff streichelnd – paf, paf, paf, paf – »Sie haben da ein wenig Staub, Herr A.« sagen sollen.

Dann hätte ich an der Ecke warten sollen, und sobald ich den Bauch des anderen erblickt hätte, dessen Zustände und Puls ich so viele Jahre verfolgt haben würde, hätte ich mich abermals neigen und vertraulich flüstern sollen: »Ach, Herr B., dieser Herr A. ...«

Ich hätte auf einen heiteren Blick hinter der Brille von C. lauern müssen. Würde er ihn mir schenken, hätte ich mein schönstes Lächeln aufgesetzt und ihn wie einen königlichen Säugling im Gewand eines Ritters empfangen sollen. Würde er jedoch auf sich warten lassen, hätte ich mich zum dritten Mal neigen müssen, voller Zerknirschung, und stammeln: »Ihr Sklave, mein Herr.«

Aber vor allem anderen hätte ich in der Bande von D. bleiben sollen. Dort fand das Ausrauben unter glanzvollen, internationalen Auspizien statt, in luxuriösen Bureaus. Am Anfang würde es mich nicht geben. Hinter meinem kleinen und dicken Abteilungsleiter versteckt, würde ich wittern. Ich würde feine, lässige Manieren haben. Ich würde deren codierte Sprache lernen. Das Berühren der linken Scheitelseite würde bedeuten: »Fünfhunderttausend«. Ein insistierendes Abklopfen der Zigarrenasche hieße: »Einverstanden«. Ich würde das Vertrauen von allen gewinnen. Und eines Tages, an die Kristallplatte meines Tisches gelehnt, würde ich selbst die Antwort schreiben: »Unsere unabhängige Organisation, Herr Staatsanwalt...«

Ich hätte mich bücken, bücken, bücken sollen. So

weit, bis meine Nase meine Ferse erreicht hätte. Derart bequem eingerollt, hätte ich nur rollen müssen, um anzukommen.

Kanaillen!

Das Brot des Exils ernährt mich. Krähen klopfen an die Fensterscheiben meines Zimmers. Und in der gequälten Brust der Bauern sehe ich den Atem stark werden, der euch wegblasen wird.

Heute holte ich die Schlüssel und stieg auf die venezianische Festung. Ich ging durch drei Tore, drei sehr hohe, gelbliche Mauern mit zerstörten Zimmern. Als ich in den inneren, dritten Kreis trat, hatte ich eure Spur verloren. Durch die Schießscharten hinunterschauend auf das Meer, die Ebene, die Berge, fühlte ich mich in Sicherheit. Ich betrat zerbröckelnde Kasernen, Kasematten, in denen Feigen- und Granatapfelbäume wuchsen. Ich schrie in die Ödnis. Ich wanderte stundenlang, hohe, trockene Gräser niedertretend. Disteln und starker Wind hefteten sich in meine Kleidung. Die Nacht holte mich ein.

Sein Leben

Beim Aufwachen fühlte er eine Reinheit um sich, etwas wie die Atmosphäre eines Krankenhauses, eine angenehme Empfindung, als hätte er tief geseufzt; er fühlte immer noch eine kurze Freude, die Freude, die ihm noch geblieben war.

Als würde eine unsichtbare Hand die Blätter und das tote Holz und den Schlamm, die in Kürze an die Oberfläche steigen würden, auf dem Grund festhalten, so konnte sein Denken jetzt noch funkeln, ein dem Himmel zugewandter Spiegel, ein See, auf dem grüne und goldene Lichtflecken sich ausbreiteten und erloschen, ungreifbar, ohne Gestalt anzunehmen, wie Generationen, deren eine an die Stelle der anderen tritt, sehr eilig, aus Angst vor dem Steinwurf, der sie auflösen würde.

Dieser Eindruck dauerte wenige Sekunden.

Dann kam die Erinnerung, in der einen Hand die Schlangen der Vergangenheit und in der anderen die finstere Erwartung.

(An dieser Stelle gibt es ein großes Schweigen, eine Leere, die all die schlaffen Figurationen der Wirklichkeit aufnehmen könnte.)

Eines Morgens, in der Atmosphäre eines möglicherweise wirklichen Krankenhauses, hat er, wie früher, tief eingeatmet, aber er schaffte es nicht, aufzuwachen.

Und das waren das Leben und der Tod meines Freundes.

Nachwort

Kostas Karyotakis wurde am 30. Oktober 1896 in Tripolis auf der Peloponnes geboren. Die Kindheit verbrachte er in verschiedenen Provinzstädten. Seine Familie gehörte zum damals noch sehr schmalen urbanisierten Bürgertum, das sich kulturell vor allem an Frankreich orientierte.

1913 kommt er zum Jurastudium nach Athen, das sich während der folgenden Jahre zur Metropole entwickelt. 1917 erhält er sein Jusdiplom, ein Jahr später nimmt er ein Literaturstudium auf und entgeht so der Einberufung zum Militär. Da er als freier Rechtsanwalt keinen einzigen Klienten zu sehen bekommt, beginnt er 1919 eine Karriere als Beamter des Innenministeriums.

Die zwanziger Jahre, geprägt durch die Vertreibung von eineinhalb Millionen Griechen als Folge der *Kleinasiatischen Expedition* und durch soziale und politische Verschiebungen, verbringt Karyotakis als gehobener Beamter auf wechselnden Ministerialposten, meist in Athen. Er wird als kleiner, wortkarger, zurückgezogener junger Mann beschrieben, der steife Korrektheit mit einer verblüffenden Neigung zu verrückten Einfällen und kränkender Ironie verbindet. Parallel zur Beamtenexistenz verläuft sein eigentliches Leben: das des Dichters und Literaten. Dort fällt er vor allem als Urheber von literarischen Farcen dadaistischen Charakters auf. Er verfaßt journalistische Texte, Theaterrevuen und ist Herausgeber der satirischen Zeitschrift *Die Wade*.

Nach eigener Mitteilung an die Dichterin und Seelenfreundin Maria Polydouri, die ihn heiraten möchte, ist er unheilbar geschlechtskrank. Vermutlich nimmt er Rauschmittel. Er träumt davon, das Beamtendasein aufzugeben und als Fahrer, Drucker oder Gemischtwarenhändler in Paris zu leben. Ein längerer Parisaufenthalt sowie Reisen nach Deutschland, Rumänien und Italien hinterlassen jedoch nur Enttäuschung.

1928, mittlerweile gewählter Generalsekretär des Beamtenverbandes und in starker Opposition zum Minister, wird er strafversetzt, erst nach Patras und dann, verschärfend, in die tiefe Provinz, nach Preveza in Epiros. Dort begeht er zweiunddreißigjährig durch einen Schuß ins Herz Selbstmord, nachdem er, wie er in seinem Abschiedsbrief schildert, zehn Stunden lang vergeblich versucht hatte, sich im Meer zu ertränken. Dieser Abschiedsbrief, versehen mit einem ironischen Postskriptum, ist das Zeugnis einer Literarisierung bis in den Tod, der wie eine rituelle Handlung wirkt.

Sein poetisches Werk wird erst nach seinem Tod wirksam. Es besteht aus drei Gedichtsammlungen: 1919 erschien die erste, *Der Schmerz des Menschen und der Dinge*, in hundert Exemplaren, von denen fast keines verkauft wurde. 1921 seine zweite, *Schmerzstiller*, eine Verbeugung vor Baudelaire. 1927, kurz vor seinem Tod, die dritte und wichtigste, *Elegien und Satiren*. Mit dieser Sammlung und auch mit den für seine Rezeption zentralen, in der Gesamtausgabe von 1938 posthum veröffentlichten Arbeiten aus den letzten Lebensmonaten (darunter das Gedicht *Preveza*, das den Namen dieser Stadt zum Synonym für Tod macht), erweist er sich als herausragende Dichterpersönlichkeit, die die zwanziger Jahre bündelt, als Schaltstelle zwischen Kavafis auf der einen und Seferis auf der anderen Seite, als Schleuse von der Tradition zur Moderne.

Seine in diesem Band vorgestellten sämtlichen literarischen Prosatexte sind, außer der Fingerübung *Der Schädel*, dem an Maria Polydouri adressierten Text *Die Letzte* und vielleicht dem allegorischen *Garten der*

Undankbarkeit, während seiner letzten Lebensmonate entstanden. Damals hat er auch erklärt, er wolle in Zukunft nur noch Prosa schreiben. Sie sind laut Giorgos Savvidis, seinem wichtigsten Exegeten und Herausgeber, »munter und dunkel wie kleine Schlangen«, weisen die gleiche Haltung und Atmosphäre, die gleiche Thematik wie die Gedichte auf und sind in einer ähnlich klaustrophobischen Szenerie angesiedelt, auch da, wo sie als Natur und Landschaft geschildert wird.

Es ist aufregend zu sehen, wie in einem Zeitraum von nur wenigen Jahren gleichsam der Schritt vom 19. ins 20. Jahrhundert ablesbar wird: Die chronologische Reihe der hier versammelten Texte zeigt, wie sich jemand von dem Muster der ordentlich erzählten Schauergeschichte *(Der Schädel)* über das allegorisierende Szenario *(Flucht),* die psychologische oder realistische Skizze *(Fräulein Bovary, Ein praktischer Tod)* in die freie Assoziation hinüberwagt *(Lob des Meeres).*

Karyotakis zeichnet eine in unverwechselbarem Tonfall gehaltene pessimistische Einstellung aus, die in Sarkasmus umschlagen kann, ein geschärfter Blick für das Unheroische und Lächerliche und eine besondere Affinität zum Tod. Er, der nicht alt geworden ist, spricht von sich, als sei er nie jung gewesen, als blicke er schon aus der Unterwelt auf eine Welt ohne Ausweg. Leitmotivisch zieht sich die Gestalt des Beamten und des ihm gemäßen Ortes, der Provinz – der Eparchie –, durch sein Werk, der Sehnsuchtsort und Ort des Dichters bleibt hingegen die Großstadt.

Karyotakis' Selbstmord wurde als Beglaubigung der Stimmigkeit seiner Werke aufgefaßt und löste geradezu kultische Verehrung aus sowie eine Flut von Nachahmern, die à la Karyotakis schrieben. Die Verzweiflung verkam zur Mode.

Die dreißiger Jahre bringen Autoren von internationaler Orientierung, die die griechische Dichtung mit zeitgenössischen Strömungen der Moderne verbinden, unter anderem mit T. S. Eliot und dem Surrealismus, vor allem Giorgos Seferis und Odysseas Elytis, die beide kaum jünger als Karyotakis waren, ihn aber lang überlebten. Sie sind, wie auch Jannis Ritsos und Andreas Embirikos, Großbürger, Diplomaten, Söhne von Reedern und Fabrikanten. Beamte jedenfalls, Provinz und dunkle, verschlossene Kammern sind ihre Sache nicht. Sie sehen weite Horizonte, ein hohes, mythisch überglänztes Griechenland. Marxistisch orientierte Essayisten, optimistisch von Haus aus und entnervt von karyotakisierenden Lebensverachtern, lehnen dessen verzweifelte Gestik als wichtigtuerischen Zynismus ab, und das bis tief in die Nachkriegszeit.

Daß sich alle genannten Dichter jedoch direkt oder indirekt auf Karyotakis beziehen und auf ihn reagieren, erweist sich erst nach und nach: Seferis immerhin unterscheidet schon in den Vierzigern den poetischen Rang von Karyotakis von dem seiner Imitatoren und stellt fest: »Ein Dichter von außerordentlicher Sensibilität, der, obwohl entsetzlich jung gestorben, das Glück hatte, ein Werk zu hinterlassen, das als Meilenstein unserer Literatur gilt.« Dieser Auffassung haben sich mittlerweile nicht nur die Dichter, die ihn geradezu kanonisierten, und die Literaturwissenschaft angeschlossen:

Kostas Karyotakis ist heute in Griechenland eine der unbezweifelbaren Größen des 20. Jahrhunderts und genießt bei seinen Lesern eine Popularität, wie sie nur wenigen Autoren zugestanden wird.

INHALT

Der Schädel	5
Die Letzte	8
Der Garten der Undankbarkeit	9
Tagträumer	10
Drei große Freuden	15
Flucht	21
Das Lob des Meeres	23
Katharsis	25
Sein Leben	27
Nachwort	28